ZEITMANAGEMENT FÜR MANAGER

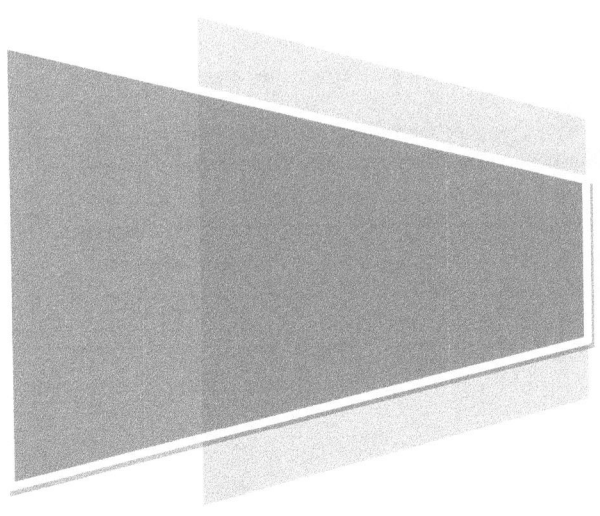

ZEITMANAGEMENT FÜR MANAGER

Serie " Management-Fähigkeiten für Führungskräfte "
von: D.K. Hawkins
Version 1.1 ~September 2021
Veröffentlicht von D.K. Hawkins bei KDP
Copyright ©2021 von D.K. Hawkins. Alle Rechte vorbehalten.

Kein Teil dieser Veröffentlichung darf ohne vorherige schriftliche Genehmigung der Herausgeber in irgendeiner Form oder mit irgendwelchen Mitteln, einschließlich Fotokopien, Aufzeichnungen oder anderen elektronischen oder mechanischen Methoden oder durch ein Informationsspeicher- oder -abrufsystem, vervielfältigt, verteilt oder übertragen werden, mit Ausnahme von sehr kurzen Zitaten in kritischen Rezensionen und bestimmten anderen nichtkommerziellen Verwendungen, die durch das Urheberrechtsgesetz erlaubt sind.

Alle Rechte vorbehalten, einschließlich des Rechts auf vollständige oder teilweise Vervielfältigung in jeder Form.

Alle Angaben in diesem Buch wurden sorgfältig recherchiert und auf ihre sachliche Richtigkeit überprüft. Der Autor und der Herausgeber übernehmen jedoch keine Garantie, weder ausdrücklich noch stillschweigend, dass die hierin enthaltenen Informationen für jede Person, jede Situation oder jeden Zweck geeignet sind, und übernehmen keine Verantwortung für Fehler oder Auslassungen.

Der Leser übernimmt das Risiko und die volle Verantwortung für alle Handlungen. Der Autor kann nicht für Verluste oder Schäden verantwortlich gemacht werden, die sich aus den in diesem Buch enthaltenen Informationen ergeben könnten.

Alle Bilder sind frei verwendbar oder von Stockfoto-Websites erworben oder lizenzfrei für die kommerzielle Nutzung. Ich habe mich bei der Erstellung dieses Buches auf meine eigenen Beobachtungen sowie auf viele verschiedene Quellen gestützt, und ich habe mein Bestes getan, um die Fakten zu überprüfen und die Quellen zu nennen, wo es angebracht ist. Sollte Material ohne entsprechende Erlaubnis verwendet worden sein, kontaktieren Sie mich bitte, damit das Versehen korrigiert werden kann.

Die in diesem Buch enthaltenen Informationen dienen nur zu Informationszwecken und sind nicht als Quelle für Ratschläge oder Kreditanalysen in Bezug auf das dargestellte Material gedacht. Die in diesem Buch enthaltenen Informationen und/oder Dokumente stellen keine Rechts- oder Finanzberatung dar und sollten niemals ohne vorherige Rücksprache mit einem Finanzfachmann verwendet werden, um festzustellen, was für Ihre individuellen Bedürfnisse am besten geeignet ist.

Der Herausgeber und der Autor geben keine Garantie oder andere Versprechen hinsichtlich der Ergebnisse, die durch die Verwendung des Inhalts dieses Buches erzielt werden können. Sie sollten niemals eine Anlageentscheidung treffen, ohne vorher Ihren eigenen Finanzberater zu konsultieren und Ihre eigenen Nachforschungen und Sorgfaltsprüfungen durchzuführen. Soweit gesetzlich zulässig, lehnen der Herausgeber und der Autor jegliche Haftung für den Fall ab, dass sich die in diesem Buch enthaltenen Informationen, Kommentare, Analysen, Meinungen, Ratschläge und/oder Empfehlungen als ungenau, unvollständig oder unzuverlässig erweisen oder zu Investitions- oder anderen Verlusten führen.

Der in diesem Buch enthaltene oder zur Verfügung gestellte Inhalt stellt keine Rechts- oder Anlageberatung dar, und es entsteht keine Beziehung zwischen Anwalt und Mandant. Der Herausgeber und der Autor stellen dieses Buch und seinen Inhalt auf der Basis "wie besehen" zur Verfügung. Die Nutzung der Informationen in diesem Buch erfolgt auf eigene Gefahr.

INHALTSVERZEICHNIS.

INHALTSVERZEICHNIS. 4

EINFÜHRUNG. 6

KAPITEL 1 10

    Die Bedeutung des Zeitmanagements für Manager. 10

KAPITEL 2 16

    Verwaltung von Unterbrechungen für die Erledigung von Aufgaben. 16

KAPITEL 3 23

    Zeitmanagement bei Gruppenaktivitäten. 23

KAPITEL 4 27

    Sie brauchen eine effektivere To-Do-Liste. 27

KAPITEL 5 30

    Zeit- und Energiemanagement Link. 30

KAPITEL 6 35

    Erwartungen und Zeitmanagement. 35

KAPITEL 7 40

    Zeitmanagement und Pünktlichkeit. 40

KAPITEL 8 44

    Planung für das Unerwartete. 44

KAPITEL 9 49

    Auswirkung der Kaltakquise auf das Zeitmanagement von Vertriebsleitern. 49

KAPITEL 10 54

    Prioritätensetzung und Zeitmanagement. 54

KAPITEL 11 58

    Nutzen Sie Projektmanagement-Software, um Ihr Projekt zu planen und Zeit zu sparen...58

KAPITEL 12 61

    Zeitmanagement für Manager vs. Mitarbeiter. 61

KAPITEL 13 66

    Tipps für ein effektiveres Zeitmanagement von Managern. 66

SCHLUSSFOLGERUNG 73

EINFÜHRUNG.

Zweifellos sind viele Menschen der Meinung, dass Zeit die wertvollste Ressource ist. Wie Harvey MacKay bekanntlich sagte: "Zeit ist umsonst, aber sie ist unbezahlbar"; jeder und alles hat jeden Tag gleich viel davon, aber zusätzliche Zeit kann nicht gekauft werden.

Zeit ist zwar für fast jeden wichtig, aber Manager wissen das besser als alle anderen. Für sie ist Zeit das A und O. Wenn eine Führungskraft oder ein Manager alles allein machen könnte, würde sie es tun. Doch der Tag hat nicht genug Stunden, und je nach Art des Unternehmens, das sie besitzen oder mitbetreuen, werden sie die Hilfe anderer Mitarbeiter in Anspruch nehmen, um alles, was zu tun ist, zu erledigen.

Leider tappen viele Manager in eine Falle: Sie wollen in Zeitmanagement investieren, haben aber nicht die nötige Zeit. Warum ist Zeitmanagement für Manager so wichtig?

Wurden Sie schon einmal so sehr unter Druck gesetzt und überfordert, dass Sie eine übereilte Entscheidung getroffen haben, die nicht die beste war?

Mit zusätzlicher Zeit kann sich ein Manager mehr Zeit für die Entscheidungsfindung nehmen, sie gründlich durchdenken und ihnen die nötige Aufmerksamkeit schenken. Eine schlechte Auswahl kann zu einem verworrenen Problem führen, das, wie Sie sich denken können, zusätzliche Zeit zur Lösung erfordert.

Wenn weniger Zeit zur Verfügung steht, wird den Projekten weniger Aufmerksamkeit geschenkt. Dies kann dazu führen, dass Fehler gemacht werden, die später korrigiert werden müssen. Mehr Zeit, die für ein Projekt aufgewendet wird, kann zu einem qualitativ hochwertigeren Produkt, einem höheren Arbeitsstandard und zufriedeneren Verbrauchern oder Kunden führen.

Eine Methode, um Zeit zu gewinnen, ist das Unterrichten und Delegieren an andere, damit diese zusätzliche Aufgaben übernehmen können. Die eingesparte Zeit kann genutzt werden, um sie bei allen auftretenden Problemen zu unterstützen.

Wenn Sie Ihre Mitarbeiter unterstützen, verbessern Sie deren Produktivität, Wertschätzung, Loyalität und allgemeine Zufriedenheit.

Jemand, der bereits mit Arbeit überlastet ist, wird Schwierigkeiten haben, angemessen zu reagieren. Wenn Sie mehr freie Zeit haben und sich die Prioritäten ändern, sollten Sie die betreffenden Personen, die Arbeitsbelastung und die Projekte so anpassen, dass sie die von ihnen geforderten Aufgaben effizient erfüllen können.

Eine der schwierigsten Aufgaben für eine Führungskraft ist es, zu entscheiden, was sie zuweisen und behalten soll. Am besten wäre es, wenn Sie das Vertrauen hätten, jemanden mit wichtigen Aufgaben zu betrauen. Sie werden von dem Ergebnis überrascht sein, wenn Sie es ausprobieren können.

Bestimmte Aufgaben können jedoch nicht zugewiesen werden (oder sollten nicht zugewiesen werden), also behalten Sie die Kontrolle über die wichtigsten Punkte und delegieren Sie den Rest. So bleibt mehr Zeit für die wichtigsten Aufgaben des Unternehmens.

In diesem GUIDE geht es um die Vorteile des Zeitmanagements für Manager bei der Erreichung von Zielen und der Erledigung von Aufgaben.

Viel Spaß beim Lesen

KAPITEL 1

Die Bedeutung des Zeitmanagements für Manager.

In der schnelllebigen Geschäftswelt von heute müssen Führungskräfte ihre Zeit effektiv verwalten. Angesichts des hohen Drucks, dem sie ausgesetzt sind, kann dies für viele Manager eine große Herausforderung darstellen. Aus diesem Grund müssen Manager effektive Zeitmanagementtechniken anwenden, um ihre Aufgaben zu erledigen und effektiv zu arbeiten.

Die effizienteste Art, seine Zeit zu verwalten, ist, sie zu planen. Dieser Plan orientiert sich an zwei Hauptkriterien: dem, was Sie erreichen müssen, und der verfügbaren Zeit. Der wichtigste Aspekt des Zeitmanagements ist die Kontrolle über die Zeit. Wenn Sie die Kontrolle über Ihre Zeit haben, können Sie die anstehenden Aufgaben innerhalb der von Ihnen festgelegten Fristen erledigen.

Um dieses Maß an Kontrolle zu erreichen, müssen Sie planen. Bei der Planung geht es darum, die Aufgaben zu ermitteln, die zur Erreichung Ihrer Ziele erforderlich sind. Bestimmen Sie die Aufgaben, die erledigt werden sollen, und schätzen Sie die für jede Aufgabe benötigte Zeit.

Die wichtigste Komponente des Zeitmanagements ist die Fähigkeit, die Dauer der einzelnen Aufgaben vorherzusagen oder abzuschätzen. Wenn die Aufgaben sehr umfangreich sind, müssen Sie sie in kleinere Abschnitte unterteilen und jedem Abschnitt einen anderen Zeitplan zuweisen.

Wenn einige der Aufgaben unbekannt sind und Sie sie noch nie erledigt haben, kann die Schätzung der dafür benötigten Zeit schwieriger sein. Um die benötigte Zeit zu berechnen, können Sie entweder historische Daten verwenden oder sie mit ähnlichen Aufgaben vergleichen.

Nachdem Sie die Aufgaben in Etappen unterteilt und festgelegt haben, wie lange jede einzelne Aufgabe dauern wird, müssen Sie Prioritäten setzen, welche Aufgaben zuerst erledigt werden müssen. Dies kann erreicht werden, indem Sie jeder Aufgabe eine Prioritätsstufe zuweisen.

Die am häufigsten verwendete Methode ist die Verwendung von Buchstaben. Diese können farblich codiert oder alphabetisch geordnet sein. So können die wichtigsten Aufgaben als Priorität A bezeichnet werden, während weniger wichtige Aufgaben als B, C oder D bezeichnet werden.

Was ist wichtig und was ist dringend.

Als neue Führungskraft erhöhen Sie wahrscheinlich Ihren Stresspegel erheblich, indem Sie die Begriffe Dringlichkeit und Wichtigkeit miteinander verwechseln. Um Dringlichkeit und Wichtigkeit zu analysieren, möchte ich Sie durch die vier Quadranten führen und die Unterschiede erklären.

Quadrant 1: wichtig und dringend.

Natürlich kann ich Ihnen als Manager nicht sagen, was in diesen Quadranten fällt, aber Sie können es. Betrachten Sie die Aufgaben auf Ihrer täglichen To-Do-Liste und fragen Sie sich, ob sie wichtig oder dringend sind. Dringende Aufgaben erhöhen automatisch den Stress, und sie nehmen auch eine hohe Priorität in Ihrem Arbeitstag ein, unabhängig davon, ob sie gerechtfertigt sind.

Quadrant 2: wichtig, aber nicht dringlich.

Ein Punkt in diesem Quadranten könnte zum Beispiel ein wichtiger Bericht sein, den Sie erstellen müssen. Da Sie ihn jedoch erst in zwei bis drei Wochen fertigstellen müssen, ist er nicht dringend - noch nicht.

Quadrant 3: wichtig, aber unbedeutend.

Dieser Quadrant ist die Quelle allen unnötigen Stresses! Nur weil etwas für jemand anderen dringend ist, heißt das nicht, dass es auch für Sie dringend ist.

Hier übernehmen wir die Prioritäten anderer Menschen und versuchen, den Rückstand anderer aufzuholen. Seien Sie äußerst vorsichtig, wenn Sie bestimmen, wie viel von Ihrer Arbeit in diesen Quadranten fällt.

Quadrant 4: Unwichtig und nicht dringlich.

Betrachten Sie diese sorgfältig. Es kommt vor, dass jemand jahrelang einen Bericht erstellt und einreicht, ohne dass jemand merkt, dass er seine Relevanz oder Bedeutung verloren hat!

Sie können dies also weiterhin tun, aber es ist weder notwendig noch dringend. Wenn Sie den Verdacht haben, dass dies der Fall ist, besprechen Sie dies mit der Person, an die Sie die Informationen übermitteln, und legen Sie einen effektiveren Weg fest, die Informationen zu übermitteln.

Die Realität sieht so aus, dass Sie etwas, das in diesem Quadranten liegt, wenn es nicht wichtig oder dringend ist, nicht mehr tun sollten! Manche glauben, dass die meisten Ihrer Bemühungen auf Aufgaben in

Quadrant 1 gerichtet sein sollten, aber ich fürchte, ich muss dem widersprechen.

Ich ziehe es vor, die meisten meiner Tätigkeiten in Quadrant 2 einzuordnen: wichtig, aber nicht dringend. Wenn der wichtige Bericht erst in zwei oder drei Wochen fällig ist, habe ich jetzt Zeit, ihn korrekt und mit dem nötigen Aufwand zu erledigen, ohne in Panik zu verfallen.

Wenn Sie also Ihre Zeit und Ihren Einsatz auf diesen Bereich konzentrieren, werden viele Aufgaben nie in Quadrant 1 gelangen, weil sie erledigt werden, bevor sie dringend werden - was Sie als Manager wollen.

Schauen Sie sich daher Ihre aktuelle Aufgabenliste an und ordnen Sie jeden Punkt einem dieser Quadranten zu. Wenn Sie dies täglich tun, hilft es Ihnen, die relative Wichtigkeit und Dringlichkeit der einzelnen Punkte auf Ihrer Liste zu bestimmen. Dies wird Ihnen auch dabei helfen, wichtige Aufgaben rechtzeitig zu erledigen und Ihren Stresspegel deutlich zu senken.

KAPITEL 2

Verwaltung von Unterbrechungen für die Erledigung von Aufgaben.

Wie Sie wahrscheinlich schon festgestellt haben, sind Unterbrechungen ein natürlicher Bestandteil des Tages einer Führungskraft. In diesem Kapitel möchte ich Ihnen ein spezielles Instrument vorstellen, das mir geholfen hat, viele wichtige Aufgaben rechtzeitig und mit weniger Stress zu erledigen. Es heißt QUIET TIME.

Sie sollen einen Bericht schreiben, und der Abgabetermin rückt immer näher. Sie haben schon oft damit angefangen, aber nie genug Zeit gefunden, um ihn fertigzustellen, und all diese Ablenkungen machen es schwierig, sich wieder auf die Aufgabe zu konzentrieren.

Wie viel Zeit werden Sie für die Aufgabe benötigen? Eine halbe Stunde? Wie wäre es mit zwei Stunden? Einen halben Tag? Entscheiden Sie sich zuerst dafür und planen Sie diese Zeit ein.

Da Sie nun wissen, dass Sie in dieser Zeit an dem Bericht arbeiten werden, müssen Sie andere darüber informieren, damit sie Ihre Ruhezeit respektieren. Senden Sie eine E-Mail mit der Betreffzeile.

" Am Donnerstag von 9 bis 11 Uhr brauche ich Ruhe. Wir schätzen Ihre Mitarbeit."

Wenn Sie Besuch von jemandem bekommen, der die E-Mail nicht gesehen hat, bringen Sie ein Schild mit der gleichen Nachricht an Ihrer geschlossenen Tür an. Die meisten Menschen, mit denen ich darüber spreche, erwarten nicht, dass dies funktioniert, und sind überrascht, dass es in den meisten Fällen funktioniert. Der Grund dafür ist, dass andere sich wünschen, sie hätten auch daran gedacht!

Natürlich werden einige Personen Ihre Nachricht ignorieren und direkt hereinplatzen. Wenn das passiert, vermeiden Sie es, von Ihrem Schreibtisch oder Computer aufzuschauen. Konzentrieren Sie sich einfach stärker auf das, was Sie gerade tun, um es deutlicher zu machen. Tippen Sie etwas, egal was, wenn Ihre Finger über der Tastatur schweben. Sie können es später löschen, wenn Sie etwas Dummes getippt haben, aber es vermittelt die Botschaft Ihrer Arbeit.

Reagieren Sie nicht, es sei denn, es handelt sich um den Präsidenten des Unternehmens oder Ihren direkten Vorgesetzten. Tippen Sie weiter! Sie werden es schließlich verstehen und etwas Geniales sagen wie: "Ich sehe, Sie sind beschäftigt."

Weisen Sie darauf hin, dass Sie eine Frist einhalten müssen und dass jetzt nicht die Zeit für ein Gespräch ist. In den meisten Fällen reicht es aus, wenn Sie fragen, ob Sie sie anrufen können, wenn Sie fertig sind.

Da Unterbrechungen häufig als eine der Hauptursachen für Stress am Arbeitsplatz genannt werden, ist es in Ihrem besten Interesse, Strategien für den Umgang mit ihnen zu entwickeln, die für Sie funktionieren. Ich empfehle Ihnen dringend, etwas Zeit für Ruhe einzuplanen.

Dies ist jedoch eines der Instrumente, die nicht übermäßig verwendet werden sollten, da sie sonst ihre Wirksamkeit verlieren. Heben Sie es daher für Zeiten auf, in denen Sie es wirklich brauchen, und es wird zu den wertvollen Werkzeugen in Ihrem Management-Werkzeugkasten gehören.

Als Führungskraft, insbesondere wenn Sie neu in dieser Funktion sind, haben Sie vielleicht das Gefühl, dass Sie Ihre Arbeit nicht zu Ende bringen können, weil Sie ständig von Ihren Mitarbeitern unterbrochen werden. Sie haben das Gefühl, dass Ihre Mitarbeiter ständig in Ihr Büro kommen und Ihren Gedankengang unterbrechen, sei es mit einer Frage, einer Bitte um Informationen oder einer einfachen Hilfestellung.

Diese Unterbrechungen sind ein notwendiger Bestandteil Ihrer Arbeit als Führungskraft, und Sie müssen über einige Strategien verfügen, um sie effektiv durchzuführen und gleichzeitig zu vermeiden, dass Ihr Zeitplan aus den Fugen gerät. Hier sind drei Techniken, die Ihnen helfen, Unterbrechungen in Coaching-Gelegenheiten zu verwandeln und gleichzeitig den Zeitaufwand zu minimieren.

1. Assistieren und direkt auf den Punkt kommen.

Wenn jemand anfängt, übermäßig ins Detail zu gehen und Ihnen die Situation Schritt für Schritt zu schildern, heben Sie einfach die Hand als universelles "Stopp"-Signal und unterbrechen Sie. Teilen Sie dem Gesprächspartner mit, dass Sie ein Problem erkennen und fragen Sie ihn, wie Sie ihm helfen können. Warten Sie dann einfach eine Antwort ab. Dadurch werden sie gezwungen, genauer zu sagen, welche Hilfe sie benötigen, was sie vielleicht nicht bedacht haben, bevor sie sich an Sie wandten.

2. Sie bei der Lösungsfindung unterstützen.

Erkundigen Sie sich, was sie ihrer Meinung nach tun sollten. Warten Sie dann wiederum die Antwort ab. Manchmal haben Menschen eine Idee, wie sie ein Problem lösen können. Dennoch denken sie nie daran, es Ihnen gegenüber zu erwähnen oder es einfach auszuprobieren, weil sie automatisch glauben, dass sie ihre Probleme an Sie als ihren Vorgesetzten delegieren sollten.

Indem Sie sie jedoch nach ihren Ideen fragen, ermutigen Sie sie, die Dinge zu durchdenken und ihre Ideen zu dem Problem beizutragen. Dies ist eine Methode, um sowohl die Fähigkeiten Ihrer Mitarbeiter zu entwickeln als auch Probleme zu lösen.

3. Machen Sie es zu einer Bedingung der Vereinbarung

Wenn Sie einmal damit begonnen haben, Menschen zu ermutigen, Probleme auf diese Weise zu lösen, machen Sie das Anbieten einer Lösung zu einer Bedingung ihres "Vertrags" mit Ihnen, wenn sie Hilfe suchen.

Mit anderen Worten: Vermitteln Sie ihnen, dass sie auch bereit sein müssen, eine mögliche Lösung anzubieten, wenn sie mit einem Problem an Sie herantreten. Das sind vielleicht nicht die optimalen Lösungen, aber sie bieten eine Grundlage für die Entwicklung einer Lösung, die dann auch umgesetzt wird.

Die Umsetzung dieser Vorschläge wird Unterbrechungen zwar nicht beseitigen, aber sie werden Ihnen helfen, effektiver und effizienter mit ihnen umzugehen, sowohl im Hinblick auf das Zeitmanagement als auch auf die berufliche Entwicklung.

KAPITEL 3

Zeitmanagement bei Gruppenaktivitäten.

Wenn Sie glauben, dass Zeitmanagement allein schon kompliziert ist, dann warten Sie, bis Sie die Zeit für Gruppenaktivitäten managen! Die Wahrheit ist, dass es an sich nicht viel schwieriger ist, weil Sie immer noch dieselben Strategien anwenden; die zusätzlichen Personen machen das Ganze noch komplizierter und können manchmal für Chaos sorgen. In diesem Kapitel über Zeitmanagement für Gruppenaktivitäten geht es also darum, Ihre Strategien an die Bedürfnisse von Gruppen anzupassen.

Das ist entweder das traditionelle Zeitmanagement oder das Aufgabenmanagement. Für den Anfang können Sie bei Gruppenaktivitäten wirklich beide Strategien anwenden. Wenn Sie jedoch nicht mit einer kleinen Gruppe von Personen an einem einzigen Projekt arbeiten, ist das

Aufgabenmanagement möglicherweise komplizierter als das Zeitmanagement (weil letzteres System sehr gut geeignet ist, die Zusammenarbeit mehrerer Personen zu organisieren).

Sie haben ein besseres Verständnis für die Dynamik der Gruppenaktivitäten, über die Sie nachdenken, als ich es habe. Daher werden die folgenden Vorschläge eher allgemein gehalten sein.

Zu Beginn besteht die wichtigste Aufgabe darin, alle Beteiligten zusammenzubringen und sie auf Kurs zu halten. Entgegen der weit verbreiteten Meinung, dass es zu viele Manager gibt, ist es für alle Beteiligten von Vorteil, den Plan zu teilen und die Teilnehmer darüber zu informieren, was sie während einer Sitzung erwartet. Allein das Wissen um den Ablauf der Besprechung hilft den Teilnehmern oft dabei, dem chronischen Gedanken "Wann wird diese Besprechung enden?" zu entkommen.

Viele Menschen kommen jedoch mit einer vorgegebenen Tagesordnung zu den Sitzungen. Es ist wichtig, Zeiten für Veranstaltungen festzulegen und den Teilnehmern am Ende Zeit zu geben, um ihre Anliegen vorzubringen.

Ebenso ist es in vielen Fällen sehr vorteilhaft, Veranstaltungen in einem aufbauenden Zustand der Intensität zu planen. Damit sich die Sitzung nicht wie eine chaotische emotionale und kognitive Mischung anfühlt.

Wenn Sie z. B. die Sauberkeit der Pausenräume, die Teilnahme an einem Softball-Turnier für wohltätige Zwecke, die Verkaufsziele dieser Woche oder einen Wettbewerb um den höchsten Umsatz besprechen wollen, ein anderes Teammitglied aber eine neue Idee zur Umsatzsteigerung diskutieren möchte, die es bei einem Feldversuch entdeckt hat, würde eine Tagesordnung helfen, alle auf Kurs zu halten. Diese Reihenfolge eignet sich gut, weil sie den Punkten Priorität einräumt und die Intensität der Besprechung erhöht.

Die meisten Menschen beklagen sich zwar über die größeren Probleme, die mit Gruppen verbunden sind: Sie können sich nicht konzentrieren, die Leute sprechen außer der Reihe, Aufgaben werden nicht erledigt und Themen ziehen sich ewig hin. All diese Probleme lassen sich mit ein wenig Vorarbeit vermeiden. Nachdem ich Ihnen nun zwei wichtige Bestandteile dieser Vorarbeit genannt habe, gehen Sie hinaus und probieren Sie es aus. Was schief gehen kann?

Das ist richtig: Anarchie, Unordnung, Frösche, die vom Himmel regnen. Obwohl das wahrscheinlich nicht der Fall ist, und es könnte Ihnen sogar helfen, Gruppenaktivitäten effektiver zu gestalten.

KAPITEL 4

Sie brauchen eine effektivere To-Do-Liste.

Auch wenn sie oft als unverzichtbares Zeitmanagement-Tool angesehen wird, ist die typische To-Do-Liste vor allem für Manager aufgrund ihrer Struktur und Verwendung nahezu nutzlos.

Als Manager brauchen Sie eine effiziente Zeitmanagementstrategie, die mit einer effizienten Aufgabenliste beginnt. Was also ist falsch an der herkömmlichen Liste? Viele Dinge.

Zu Beginn ist es in der Regel nur eine Liste von Aufgaben, die erledigt werden müssen. Sie beginnen damit, alle Aufgaben zu notieren, die Ihnen einfallen und die Sie heute gerne erledigen würden, und wenn Sie fertig sind, ist Ihre Liste wahrscheinlich so lang wie Ihr Arm. Das ist keine To-Do-Liste, das ist Wunschdenken!

Für manche Aufgaben braucht man zwei Minuten, für andere zwei Stunden, und für manche sollte man zwei Minuten brauchen, braucht aber am Ende zwei Stunden. Dennoch nehmen sie alle dieselbe Zeile auf der To-Do-Liste ein. Wie können Sie also die Anzahl der Aufgaben bestimmen, die ein vernünftiges Tagesziel darstellen?

Die Antwort ist ganz einfach, wird aber manchmal nicht beachtet. Prüfen Sie Ihre Liste sorgfältig, schätzen Sie ab, wie viel Zeit jeder Punkt in Anspruch nehmen wird, und seien Sie vorsichtig mit Ihren Schätzungen! Versuchen Sie, diese Zeit über den Tag verteilt einzuplanen, und wenn sich das auf 15 Stunden summiert, wird das nicht einfach so geschehen. Sie bereiten sich auf ein Scheitern vor und sind bereits besiegt, bevor Sie beginnen.

Andererseits zwingt diese Technik Sie dazu, Ihre Liste auf die Punkte zu reduzieren, die sofort erledigt werden müssen, während Sie den Rest auf einen späteren Tag oder sogar auf den Delegationsstapel verschieben.

Ein weiterer Tipp: Planen Sie einen gewissen "Spielraum" in Ihrem Budget ein. Angenommen, Sie schätzen, dass eine Aufgabe 30 Minuten dauern wird; planen Sie 45 Minuten ein. Diese zusätzlichen fünfzehn Minuten können die Spannung des Tages deutlich verringern.

Jetzt müssen Sie nur noch die Aufgaben für den Tag planen und eine nach der anderen in Angriff nehmen.

Um ehrlich zu sein, ist das auch ein bisschen ein Wunschtraum, denn selbst bei der besten Vorbereitung werden unerwartete Ereignisse Ihren Zeitplan durcheinander bringen. Aber schon eine realistische Strategie wird Ihnen am Ende des Tages ein angenehmes Erfolgserlebnis bescheren.

KAPITEL 5

Zeit- und Energiemanagement Link.

Es gibt viele Zeitmanagement-Tools und -Techniken, die Ihnen dabei helfen sollen, Ihre Zeit effektiver zu verwalten. Diese sind zwar notwendig, aber für sich genommen nicht ausreichend. Sie müssen das Zeit- und Energiemanagement integrieren. Sie können die besten Aufgabenlisten, Aufgabenblätter, Arbeitsblätter und Organizer für vorrangige Aufgaben haben, die alle notwendig sind.

Wenn jedoch Ihr Energieniveau sinkt und Sie die Belastung durch diese schweren Aufgaben zu spüren beginnen, werden sich diese Faktoren schließlich auf Ihre körperliche, geistige und emotionale Verfassung auswirken. Sie brauchen ein System, das die Arbeitsbelastung minimiert und Ihre Energie effektiv verwaltet, um mit zeitlichen.

Wichtige Tipps zum Energiemanagement:

1-Reduzieren Sie Ablenkungen und Unterbrechungen: Ablenkungen sind nicht nur eine Zeitverschwendung, sondern können auch Ihre Energie aufzehren. Sobald Sie sich auf eine Aufgabe konzentriert haben, sollten Sie Unterbrechungen minimieren oder ganz vermeiden. Machen Sie die Tür zu. Trennen Sie die Verbindung zum Internet und schalten Sie auch Ihre Telefone aus.

Obwohl Technologie in vielerlei Hinsicht von Vorteil ist, gibt es Zeiten, in denen Sie sich vom Fernseher, Computer, Smartphone und anderen Ablenkungen trennen müssen. Wenn Ablenkungen unvermeidlich sind, versuchen Sie, sie in Ihre Aufgabenliste einzutragen. Auf diese Weise können Sie sie in weniger dringenden Fällen erledigen, ohne Ihre Arbeit zu beeinträchtigen.

2- Organisieren Sie Ihre Arbeitsumgebung/-bedingungen: Wenn Sie Ihren Arbeitsplatz organisieren, können Sie Ihren Stresspegel senken und sich besser auf Ihre Arbeit konzentrieren.

Vergewissern Sie sich, dass Ihr Arbeitsbereich gut organisiert und für die Art Ihrer Arbeit geeignet ist.

Richten Sie Ihren Schreibtisch so ein, dass er vom Verkehrsfluss abgewandt ist. Ordnen Sie Ihren Schreibtisch und räumen Sie überflüssige Akten weg, behalten Sie nur das, was für die Arbeit notwendig ist. Sie müssen eine geordnete Umgebung schaffen. Manche Menschen brauchen eine ruhige Umgebung, um sich zu konzentrieren. Andere können besser arbeiten, wenn sie von Musik begleitet werden. Finden Sie heraus, was für Sie am vorteilhaftesten ist.

3-Organisieren Sie Ihre Arbeit je nach Ihrem Energieniveau: Vielleicht fühlen Sie sich manchmal energiegeladen und manchmal nicht. Manchmal ist Ihr Energielevel erschöpft, oder Ihre Einstellung ist schlecht. Sie sind ein menschliches Wesen. Manchmal haben Sie vielleicht das Gefühl, dass Nichtstun die beste Lösung ist. Jeder Mensch hat einen unterschiedlichen Energiehaushalt. Manche Menschen sind Morgenmenschen.

Andere sind Nachtschwärmer. Eine Strategie zur Bewältigung schwankender Energieniveaus besteht darin, Ihr optimales Energieniveau zu ermitteln und Ihre Hauptaufgaben entsprechend zu planen. Sie können Routineaufgaben für Zeiten mit niedrigem Energieniveau planen. Machen Sie das Beste aus Ihrem Energiezyklus.

4-Legen Sie immer wieder kurze Pausen ein und ruhen Sie sich etwa 5 Minuten lang von Ihrer Aufgabe aus. Legen Sie alle 60-90 Minuten eine Pause ein. Vergrößern Sie Ihre Pausen, wenn Sie Anzeichen von Erschöpfung bemerken, z. B. Gähnen, Unruhe oder Unfähigkeit, sich zu konzentrieren.

5- Mentale Konditionierung: Sie müssen die Überzeugung überwinden, dass Sie nicht genug Zeit haben. Es stimmt, dass die Zeit durch unser schnelllebiges Leben immer knapper wird. Es stimmt, dass das hektische Tempo des digitalen Zeitalters des einundzwanzigsten Jahrhunderts Zeit und Energie zu sehr gefragten Gütern gemacht hat. Dieser einschränkende Glaube verbraucht jedoch mehr von Ihrer Energie und führt zu einer geringeren Leistung.

Zeit ist ein mentales Konzept. Es ist wichtig, eine positive mentale Einstellung zur Zeit zu haben. Es ist die Akzeptanz der Tatsache, dass man die Kontrolle über seinen Tag hat. Wenn wir die Fähigkeit entwickeln, unsere Zeit effektiv und mit Energie zu managen, verbessern wir unsere Leistung, Gesundheit und unser Glück.

KAPITEL 6

Erwartungen und Zeitmanagement.

Der Umgang mit Erwartungen ist die erste und wichtigste Lektion in jedem Zeitmanagementprogramm für Führungskräfte. Wenn Sie die Erwartungen, die an Sie gestellt werden (sowohl von Ihnen selbst als auch von anderen), im Zaum halten können, können Sie vermeiden, dass Sie überfordert werden. Sie können bestimmen, was in der zur Verfügung stehenden Zeit erreicht werden kann, und das, was Sie sich vorgenommen haben, auch wirklich erreichen.

Sie können Punkte von Ihren Aufgabenlisten streichen, wenn sie sinnvoll sind. Sie können Ihre Fähigkeiten einschätzen, Versprechungen darüber machen, was Sie leisten können, und diese Versprechen auch einhalten. Ihre Glaubwürdigkeit und Ihr Selbstvertrauen werden steigen.

Der erste Schritt in diesem Prozess ist die Einschätzung Ihrer Fähigkeiten. Dann können Sie die Kontrolle über Ihre Selbstwahrnehmung ausüben. Erlauben Sie mir, Ihnen zu zeigen, wie das funktioniert. Zeitmanagement ist wirklich die Fähigkeit, die Ereignisse in Ihrem Leben zu kontrollieren:

Da die Zeit das Medium ist, in dem Ereignisse stattfinden, können Sie Ihre Zeit kontrollieren, indem Sie die Ereignisse in Ihrem Leben kontrollieren. Sie können auf zwei Arten Kontrolle über Ereignisse ausüben:

1. Kontrollieren Sie die Mischung der Ereignisse, das heißt, welche Ereignisse Sie in Ihrem Leben zulassen; und 2. Kontrollieren Sie die Dauer eines jeden Ereignisses, d. h. wie lange es dauert.

Um die Dauer des Ereignisses unter Kontrolle zu halten, schätzen Sie ab, wie lange es voraussichtlich dauern wird, und erledigen Sie die Aufgabe in weniger Zeit als gedacht. Eine Schätzung ist der Punkt, an dem Ihr Verständnis der Komplexität der Aufgabe auf das

Verständnis Ihrer Fähigkeiten trifft. Durch das Schätzen gewinnen Sie ein Verständnis für Ihre Fähigkeiten.

Wenn Sie sich Ihrer Fähigkeiten bewusst sind, können Sie Ihre Erwartungen steuern. Sie können eine Linie ziehen, die angibt, wie weit Sie maximal ausgedehnt werden können.

Was sind Ihre selbst auferlegten Standards?

Was erwarten andere von Ihnen?

Sind Ihre Erwartungen angemessen?

Der erste Schritt zum Zeitmanagement besteht darin, die Erwartungen zu steuern und sicherzustellen, dass sie sich in einem vernünftigen Rahmen bewegen. "Wenn du nicht weißt, wohin du gehst, wirst du auch nicht wissen, wann du ankommst", sagte Yogi Berra einmal. Ohne eine Erwartungshaltung werden Sie sich Ihrer Leistung nicht bewusst sein.

Der nächste Schritt besteht darin, die für Aufgaben verfügbare Zeit zu ermitteln. Dies ermöglicht die Erstellung von überschaubaren Aufgabenlisten. Sie können die Liste so einschränken, dass sie nur die Aufgaben enthält, die in die vorgesehene Zeit passen. So können Sie Punkte von Ihrer Liste streichen und Ihr Selbstvertrauen stärken.

Vor ein paar Wochen habe ich zum Beispiel eine Frau getroffen. Sie war eine akribische Organisatorin, die nie etwas erledigte, wenn es nicht auf ihrer To-Do-Liste stand. Trotzdem stand auf dieser Liste oft alles Mögliche und Unmögliche. Sie kam nie dazu, die Punkte auf der Liste zu erledigen, was sie sehr störte.

Ich zeigte ihr, wie wichtig es ist, Aufgaben und Zeit einzuschätzen und sicherzustellen, dass sie das, was sie sich vorgenommen hatte, auch erreichen konnte. Das veränderte ihre Sichtweise und vermittelte ihr Selbstvertrauen.

Zum Schluss noch ein Wort zur Schätzung: Dies ist nur der erste Schritt, um die Erwartungen zu steuern und die Nachfrage nach Ihrer Zeit genau zu erfassen. Vermeiden Sie es, sich mit Schätzungen zu verzetteln und mehr Zeit als nötig auf diese Tätigkeit zu verschwenden. Es ist nicht unbedingt notwendig, eine genaue Zahl zu ermitteln; eine grobe Schätzung reicht aus.

KAPITEL 7

Zeitmanagement und Pünktlichkeit.

Viele Menschen beklagen ihren Zeitmangel. "Ich stand unter Zeitdruck." "Ich stehe unter Zeitdruck!" Die Zeit vergeht und kommt nicht zurück. Zeitmanagement ermöglicht es Ihnen, viel mehr zu erreichen, als Sie es normalerweise tun würden. Angemessenes Zeitmanagement ist bei fast jeder Arbeit wichtig, vor allem wenn es um menschliche Faktoren und damit verbundene Risiken geht.

In einer freien Wirtschaft gilt das Sprichwort "Zeit ist Geld", und es ist wirtschaftlich sinnvoll, Ausfallzeiten zu vermeiden, die durch fahrlässiges Handeln oder Unterlassen verursacht werden.

Zeitmanagement ist für die berufliche Entwicklung von entscheidender Bedeutung. Da der Zeit ein hoher Stellenwert beigemessen wird, besteht ein ständiger Druck, "Zeitverschwendung" zu vermeiden. Wenn Sie das Gefühl haben, Zeit verschwendet zu haben, liegt das nicht an mangelnder Selbstdisziplin oder Faulheit, sondern an mangelnder Organisation, unzureichender Planung und ineffektiven Arbeitsmethoden

Das Konzept des Zeitmanagements schreckt viele Menschen ab; sie befürchten, dass sie ihre Spontaneität verlieren und dass ihr Tag so strukturiert wird, dass er langweilig wird. Andere befürchten, dass ihnen zusätzliche Aufgaben abverlangt werden, wenn sie ihre Zeit effizienter verwalten, was zu mehr Freizeit führt.

Effektives und effizientes Zeitmanagement bedeutet nicht, reglementiert und langweilig zu werden. Es bedeutet, die Kontrolle über Ihr Leben zurückzugewinnen und zu verstehen, wie Sie funktionieren und was Ihnen am wichtigsten ist.

Ein effektives Zeitmanagement kann dazu beitragen, dass Sie sich bei der Arbeit und zu Hause sicherer und wohler fühlen. Ein effektiveres Zeitmanagement wird Ihre Arbeitsbelastung nicht auf magische Weise verringern, aber es wird Ihnen helfen, ein produktiveres Leben zu führen.

Wie fühlt es sich an, wenn sich Ihre Ablösung am Ende einer langen und anstrengenden Wache nicht zum Dienst gemeldet hat?

Sie sind körperlich und geistig erschöpft, Ihre Aufmerksamkeitsspanne hat sich verringert, und Sie denken wahrscheinlich darüber nach, in Ihr gemütliches und sicheres Zuhause zurückzukehren. In diesem Zustand Spitzenleistungen zu erwarten, ist voreilig.

Es entwickelt sich ein System, das anfällig für menschliche Fehler ist. Diese Bedingungen führen zu gefährlichen Situationen, wie sie beispielsweise Fluglotsen oder VTS-Operatoren (Schiffsverkehrsdienste) täglich erleben.

In diesem Sinne ist Pünktlichkeit eine Voraussetzung. Pünktlichkeit ist eng mit Zeitmanagement verbunden, und je präziser wir bei der Arbeit und im Alltag werden, desto besser können wir unsere Zeit einteilen.

KAPITEL 8

Planung für das Unerwartete.

Beim Zeitmanagement geht es nicht nur darum, die Zeit im Hier und Jetzt und in der Zukunft optimal zu nutzen. Es geht auch darum, zu planen, um zu vermeiden, dass Sie auf Ihren Händen sitzen bleiben und auf jemand anderen warten müssen. Es bedeutet auch, dafür zu sorgen, dass ein Notfall Ihre Zeit und Ihre Bemühungen nicht völlig in Anspruch nimmt.

Das Leben hat die Angewohnheit, Sie zu überraschen, egal wie gut vorbereitet und organisiert Sie zu sein glauben, und es besteht immer die Möglichkeit, dass Sie mindestens eine Grundlage übersehen haben.

Zeitmanagement und Vorbereitung auf den Notfall.

In solchen Momenten müssen Sie sich auf Ihre Notfallpläne verlassen und feststellen, ob sie in der

Praxis so gut funktionieren, wie Sie gehofft haben. Notfallpläne sollten präzise und dennoch ausreichend anpassungsfähig und flexibel sein, um Unvorhergesehenes zu berücksichtigen.

Angesichts der Nachrichten über "Covid" und eines möglichen weit verbreiteten Ausbruchs ist jetzt ein ausgezeichneter Zeitpunkt, um diese Pläne zu erstellen oder zu überprüfen - aber Sie sollten auch andere Katastrophen in Betracht ziehen, mit denen Sie möglicherweise konfrontiert werden könnten.

Sofern es sich bei Ihrem Unternehmen nicht um ein Einzelunternehmen handelt, sollten Sie sicherstellen, dass es auch ohne Sie effektiv arbeiten kann, d. h., Sie sollten prüfen, ob es auch dann effektiv arbeiten kann, wenn Sie anwesend sind.

Am besten wäre es, wenn Sie Vertrauen in Ihre Pläne hätten, um die Fortführung der wesentlichen Aufgaben zu gewährleisten. Vorrangig sollten Sie dafür sorgen, dass sich Ihre Kunden nicht benachteiligt fühlen - sie haben oft die geringste Toleranzschwelle.

Notfallpläne können viele Formen annehmen, beinhalten aber in der Regel ständige Flexibilität - dies kann eine hervorragende Gelegenheit sein, die effiziente Nutzung von Ressourcen und Zeitmanagement zu fördern.

Wie würde Ihr Unternehmen funktionieren, wenn Sie oder einer Ihrer wichtigsten Mitarbeiter nicht verfügbar wären?

Welche Auswirkungen hätte es, wenn Sie die vollständige Kontrolle über Ihre Räumlichkeiten verlieren würden?

Haben Sie überlegt, welche Komponenten für Ihr Unternehmen unerlässlich sind - und haben Sie alternative Bezugsquellen in Betracht gezogen?

Sind Sie ausreichend vorbereitet?

Würden Ihre Mitarbeiter sich selbst überlassen bleiben und ihre Zeit vergeuden?

Oder würden Ihre Mitarbeiter ihre Zeit gewinnbringend nutzen - und zwar schnell, effizient und effektiv?

Schlimmer noch, würden Ihre Kunden Sie im Stich lassen?

Beschränken Sie Ihre Notfallplanung nicht auf den Katastrophenfall, auch wenn dies Ihre unmittelbare Priorität sein sollte. Es ist auch ratsam, auf einen unerwarteten Anstieg des Geschäftsvolumens vorbereitet zu sein.

Die Katastrophe eines anderen Menschen kann für Sie eine Chance sein, und unabhängig davon, wie Sie dazu stehen, vom Unglück anderer zu profitieren, kann deren Situation unheilvoll sein oder über Ihre Möglichkeiten hinausgehen, ihnen zu helfen. Wenn Sie die Gelegenheit nicht ergreifen, ist es fast sicher, dass jemand anderes es tun wird.

Ein umfassender und erprobter Notfallplan ist ein Zeichen für effektives Zeitmanagement. Es könnte sogar darum gehen, dass Sie zusammen mit Ihren

Mitbewerbern das Beste aus solchen Gelegenheiten machen. Sind Sie vorbereitet?

KAPITEL 9

Auswirkung der Kaltakquise auf das Zeitmanagement von Vertriebsleitern.

Zwei der wichtigsten Bereiche, auf die sich Vertriebsleiter konzentrieren müssen, werden hier besonders hervorgehoben. Für die meisten ist die Kaltakquise die wichtigste Quelle für die Gewinnung von Leads.

Ein typischer Arbeitstag beinhaltet viel Zeit für die Kaltakquise. Viele Unternehmen verwenden nach wie vor das antiquierte Modell der Aktivitätsplanung, bei dem man von seiner Quote ausgeht und rückwärts arbeitet, um die Anzahl der erforderlichen Kaltakquisegespräche zu ermitteln. Dann wird in Ihrem Zeitplan speziell für diese Anrufe Zeit eingeplant.

Verkäufer sind einzigartig, weil der Großteil ihrer Arbeit während der Geschäftszeiten erledigt werden muss, wenn potenzielle Kunden sich treffen oder auf andere Weise kontaktiert werden können. Kaltakquise kann nicht außerhalb der Geschäftszeiten durchgeführt werden. Termine müssen während der regulären Geschäftszeiten stattfinden.

Die Präsentation und Einreichung von Vorschlägen muss während der Geschäftszeiten erfolgen. Außerdem finden obligatorische Verkaufssitzungen, Schulungen und andere unternehmensähnliche Aktivitäten während der Geschäftszeiten statt, was das Zeitmanagement erschwert. Das Zeitmanagement wird dann zu einem wichtigen Problem, das die Verkäufer bewältigen müssen.

Wenn man bedenkt, wie viel Arbeit ein Vertriebsmitarbeiter leisten muss, um erfolgreich zu sein - Akquise, Nachfassen, Verkaufsgespräche, Schreiben von Vorschlägen, Einzelgespräche mit dem Chef, obligatorische Schulungen, Kundendienst und Aktivitäten nach dem Verkauf - kann es manchmal unmöglich erscheinen. Dies gilt insbesondere nach einem guten Verkaufsmonat, wenn die Probleme mit dem Kundendienst ihren Höhepunkt erreicht haben

Was muss ein überlasteter Vertriebsleiter tun?

Akquise und was bedeutet Akquise für die meisten Menschen? Wenn man allerdings einen Schritt zurücktritt und das Gesamtbild betrachtet, wird die einzige Tätigkeit deutlich, die wirklich die meiste Zeit in Anspruch nimmt - ja, das Anrufen beliebiger Leute in der Hoffnung, einen qualifizierten Interessenten zu finden.

Meine Lösung für das Problem des Zeitmanagements lautet wie folgt: Machen Sie einfach Schluss damit. Ja, sofort mit der Kaltakquise aufhören!

Ich bin mir bewusst, dass diese Antwort bei den meisten Vertriebsleitern und Branchenveteranen nicht beliebt sein wird, aber sie funktioniert. Diese einzige Änderung meiner Verkaufsaktivitäten katapultierte meine Vertriebskarriere. Sie brachte mich schnell auf die Ebene der Top-Produzenten, so dass sich mein Erfolg schnell herumsprach.

Hierfür gibt es drei mögliche Erklärungen. Erstens: Wenn Sie Ihre Quote durch Kaltakquise übertreffen, verschwenden Sie wahrscheinlich einen erheblichen Teil Ihrer wertvollen Zeit. Wie wäre es, wenn Sie diese Zeit zurückgewinnen und von Angesicht zu Angesicht mit hochqualifizierten Interessenten verbringen könnten, die bereit und in der Lage sind, bei Ihnen zu kaufen?

Zweitens ist die Kaltakquise eine Tätigkeit, die keine Hebelwirkung benötigt. Mit anderen Worten: Sie können bei der Kaltakquise immer nur eine Person kontaktieren. Dies ist ein zeitaufwändiges und ineffizientes Verfahren. Was wäre, wenn Sie Systeme einführen könnten, die Leads für Sie generieren - mehr als einen auf einmal, während Sie unterwegs sind, um Verträge zu unterzeichnen und Schecks zu kassieren

Drittens zeigen Statistiken, dass Kaltakquise von allen Lead-Generierungsmethoden die geringste

Qualität aufweist. Kaltakquise führt zu deutlich niedrigeren Abschlussquoten als ein Lead-Generierungssystem für das Selbstmarketing. Wenn alle oben genannten Faktoren berücksichtigt werden, wird klar, dass Kaltakquise die schlechteste Methode zur Leadgenerierung und ein Alptraum für das Zeitmanagement ist.

Wenn Sie die Zahlen der Top-Produzenten erreichen wollen, wird Kaltakquise niemals funktionieren. Hören Sie mit der Kaltakquise auf und beginnen Sie damit, sich über Systeme und Techniken zur Gewinnung heißer Leads ohne Kaltakquise zu informieren und weiterzubilden. Sie werden nicht nur Ihren Umsatz erheblich steigern, sondern auch Ihre Zeitmanagementprobleme lösen!

KAPITEL 10

Prioritätensetzung und Zeitmanagement.

Unabhängig davon, wie man an das Zeitmanagement herangeht, wird es immer ein paar Beschränkungen geben. Jeder Tag hat vierundzwanzig zugewiesene Stunden. Man muss schlafen, essen, Körperpflege betreiben und andere "notwendige" Tätigkeiten ausführen.

Es wird immer mehr Dinge geben, die man erledigen möchte, als die Zeit erlaubt. Wenn man diese Ansammlung von Zwängen bedenkt, wird überdeutlich, dass ein effektives Zeitmanagement eine angemessene Prioritätensetzung erfordert

Ohne eine effektive Priorisierung der Aufgaben würde man einfach von einer Aufgabe zur nächsten springen, ohne viel Sinn und Verstand. Das wäre nicht nur ungeheuer ineffizient, sondern würde auch einige wichtige Aufgaben unerledigt lassen.

Jeder Zeitmanagement-Experte wird vehement argumentieren, dass man lernen muss, zwischen dem Wichtigen und dem Unwichtigen zu unterscheiden und verschiedene Aufgaben nach Prioritäten zu ordnen, um die Zeitplanung zu erleichtern.

Es gibt nur wenige Faktoren, die man berücksichtigen muss, wenn man die Liste der zu erledigenden Aufgaben nach Prioritäten ordnet. Beachten Sie drei grundlegende Prinzipien der Prioritätensetzung.

Erstens muss man genügend Zeit für wichtige Aspekte des eigenen Lebens einplanen, die nichts mit der Arbeit zu tun haben. Zum Beispiel würde die Zeit, die man mit dem Ehepartner und/oder den Kindern verbringt, unter diese Kategorie fallen.

Wenn man Prioritäten setzt, muss man die Bedeutung von Dingen berücksichtigen, die dem Leben einen größeren Sinn geben. Manche werden den Gottesdienst einbeziehen oder Meditation als notwendigen Bestandteil betrachten. Diese wahren

Prioritäten werden oft unbeabsichtigt von denjenigen übersehen, die mit der Aufrechterhaltung ihres Geschäfts- oder Berufslebens beschäftigt sind - oft mit verheerenden Folgen.

Zweitens muss man zwischen dem Wesentlichen und dem Wichtigen unterscheiden. Jeden Tag muss man sich mit wichtigen Aufgaben (in Bezug auf die eigene Arbeit) befassen. Dies sind die Projekttypen, die den Unterschied zwischen Erfolg und völligem Misserfolg oder erheblichem Rückgang ausmachen.

Die Einhaltung strikter Fristen, das Wachstum eines Unternehmens und die Bereitstellung von Kundendienst sind alles Beispiele für Aufgaben, die in diese Kategorie fallen.

Drittens muss man bereit sein, schnelldrehende Artikel an die Spitze zu setzen. Eilige Aufgaben sind solche, die sofort oder innerhalb der nächsten Tage erledigt werden müssen. Auch wenn diese Aufgaben nicht so wichtig sind wie andere wichtige Aufgaben, haben sie aufgrund ihrer

Dringlichkeit eine höhere Priorität. Selbst wenn es sich um ein relativ geringfügiges Problem handelt, können sich verpasste Fristen und andere ähnliche Fehler sehr negativ auf ein Unternehmen auswirken.

Behalten Sie diese Dinge im Hinterkopf, wenn Sie Ihre Prioritätenliste erstellen. Es ist eine fantastische Idee, sich Zeit für nicht-geschäftliche Aktivitäten zu nehmen. Den Unterschied zwischen einer wichtigen und einer unwichtigen Situation zu erkennen, kann ebenfalls von großem Nutzen sein. Und schließlich kann die Erkenntnis, dass Sie zeitkritische Projekte so schnell wie möglich abschließen wollen, dazu beitragen, Kopfschmerzen zu vermeiden.

Die Entscheidung, welche Aufgaben Vorrang haben sollen, ist oft der schwierigste Aspekt des Zeitmanagements. Entscheidungen können schwierig und frustrierend sein. Sie müssen jedoch getroffen werden, um erfolgreiches Zeitmanagement zu betreiben.

KAPITEL 11

Nutzen Sie Projektmanagement-Software, um Ihr Projekt zu planen und Zeit zu sparen.

Die Verwaltung eines Projekts ist eine schwierige Aufgabe, da sie die ständige Beachtung verschiedener Faktoren erfordert. Um ein Projekt effektiv zu managen, müssen Sie viele Aufgaben gleichzeitig verwalten und koordinieren. Daher müssen Sie Ihre Projekte planen und Ihre Zeiteffizienz maximieren, indem Sie Projektmanagement-Software als Ihr wichtigstes Werkzeug für das Projektmanagement einsetzen.

Heutzutage sind viele Softwareanwendungen online verfügbar. Unsere webbasierte Software enthält verschiedene nützliche Funktionen, darunter Aufgabenlisten, Meilensteine, Zusammenarbeit, Zeiterfassung, Dateiprüfung, Echtzeit-Chat und Dateifreigabe. Sie ist einfach zu bedienen und spart Ihnen Zeit.

Die Verwendung dieser Software zur Verwaltung Ihrer Projekte hilft Ihnen auch, besser organisiert zu bleiben. Diese Software ist so, als hätten Sie einen Partner, der Ihnen bei Ihrer Arbeit hilft. Mit einem Projektmanagementprogramm können Sie sich einen Teil Ihrer Arbeit abnehmen und Zeit sparen. Die Planung wird weithin als der erste und wichtigste Schritt in jedem Projekt angesehen.

Ohne eine angemessene Planung besteht die Gefahr, dass das Projekt scheitert oder die Kosten und das Budget steigen. Daher ist es wichtig, mit Hilfe von Projektmanagement-Software einen gründlichen Plan zu erstellen, der Ihnen hilft, Ihr Budget einzuhalten und letztendlich die Kosten des Projekts zu senken.

Der Einsatz von Online-Software ermöglicht es Ihnen, jederzeit und überall auf der Welt mit Ihrem Team und Ihren Kunden zu kommunizieren. Mit diesem Software-Tool können Sie von jedem Ort der Welt aus auf Projektdaten und -informationen zugreifen.

Mit Hilfe von Projektmanagement-Software wird die Kommunikation und Zusammenarbeit im Projekt wesentlich einfacher und kann in Echtzeit erfolgen. Online-Zusammenarbeit und Dateiverwaltung werden für Teams einfach gemacht.

Es wird Ihnen helfen, eine angenehme Arbeitsumgebung zu schaffen, die Ihre geschäftliche Kommunikation verbessern wird.

Bei dieser Software handelt es sich um eine einmalige Anschaffung, mit der Sie im Laufe der Zeit deutlich mehr sparen können als die tatsächlichen Kosten der Software. Viele Unternehmen bieten diese Art von Software online an. Sie sollten sie sorgfältig prüfen und diejenige auswählen, die Ihren Anforderungen am besten entspricht.

Effiziente Software trägt zum erfolgreichen Abschluss eines Projekts bei. Viele Fachleute in großen und kleinen Unternehmen und Konzernen verwenden Projektmanagement-Software zur Verwaltung ihrer Projekte, um Zeit, Geld und Mühe zu sparen.

KAPITEL 12

Zeitmanagement für Manager vs. Mitarbeiter.

Gelegentlich stellt mir jemand auf meiner Liste eine Frage zum Zeitmanagement von Managern, und in der Tat gibt es kaum einen Unterschied zwischen Managern und Angestellten. Da Führungskräfte jedoch für die Arbeit anderer verantwortlich sind, gibt es ein paar Bereiche, in denen sie sich unterscheiden:

Zeitmanagement, Delegation und übermäßige Planung (obwohl ich jedem empfehle, dies zu tun). Manager sollten sich im Wesentlichen auf das System konzentrieren, in dem sie tätig sind (d. h. das Unternehmen und die Mitarbeiter, die sie führen), und darauf, wie sie es so weit wie möglich optimieren können.

Der Umgang mit der Zeit anderer ist der erste Bereich, in dem sich das Zeitmanagement von Führungskräften unterscheidet. Im Gegensatz zu

Arbeitnehmern sind Führungskräfte für die Qualität und Pünktlichkeit der Arbeit ihrer Untergebenen verantwortlich. Wie erreichen Sie also dieses Ziel?

Zunächst müssen Sie festlegen, welche Aufgaben bis wann erledigt werden müssen. Zweitens müssen Sie Ihre Mitarbeiter (ja, jeden einzelnen!) verstehen: Sind sie die Art von Menschen, denen man sagen kann, sie sollen etwas tun. Oder haben Sie Mitarbeiter, die eine Liste von Aufgaben mit klaren Fristen benötigen, die sie erledigen müssen, während sie ihre Arbeit hervorragend machen?

Je nach Art des Personals, das Sie beschäftigen, müssen Sie die Zeit der Mitarbeiter unterschiedlich gut einteilen. Ein guter Ansatz ist es, alle Aufgaben zu planen, die im nächsten Monat erledigt werden müssen, und zu bestimmen, wie viel Zeit jede Aktivität benötigt.

Dann geht es nur noch darum, sie an die Mitarbeiter zu verteilen, die sie ausfüllen sollen. An dieser Stelle ist die Delegation hilfreich. Auch hier gilt: Wer delegieren will, muss seine Mitarbeiter kennen und wissen, wer welche Aufgaben bekommen soll.

Wenn Sie z. B. zwei Mitarbeiter haben, die sich durch langwierige, komplexe Projekte auszeichnen, können Sie ihnen die wichtigsten langfristigen Aufgaben zuweisen und die unterstützenden Arbeiten an die übrigen Mitarbeiter delegieren. Die meisten von ihnen werden mit dieser Regelung zufrieden sein, weil sie immer wissen, was zu tun ist.

Ich habe festgestellt, dass die meisten Menschen es vorziehen, wenn man ihnen sagt, was sie zu tun haben, anstatt Dinge von Grund auf neu zu schaffen oder zu verwalten. Das ist der Grund, warum es so viele Arbeiter und so wenige erfolgreiche Unternehmer gibt.

Außerdem können Sie weniger wichtige, längerfristige Aufgaben an andere Mitarbeiter delegieren: Auf diese Weise werden die wichtigsten Aufgaben von den dafür am besten geeigneten Personen erledigt, während der Rest des Teams die weniger wichtigen Aufgaben erledigt.

Wenn alles scheitert, können Sie die weniger wichtigen Aufgaben immer einem Teammitglied übertragen, das sich durch die Erledigung längerer Aufgaben auszeichnet, nachdem es die wichtigeren erledigt hat. Oder Sie können einspringen und die Aufgabe selbst erledigen. Möglicherweise stellen Sie jedoch fest, dass Ihre weniger geschätzten Mitarbeiter, wenn Sie ihnen ein größeres Projekt zuweisen, der Situation gewachsen sind.

Es ist zwar wichtig, die vorhandenen Fähigkeiten Ihrer Mitarbeiter zu erkennen und zu nutzen, aber Sie erweisen ihnen einen schlechten Dienst, wenn Sie sie in eine Schublade stecken. Wenn Sie also gelegentlich einzelne Mitarbeiter mit anspruchsvollen Aufgaben betrauen, um zu testen, ob sie diese bewältigen können, werden Sie vielleicht feststellen, dass Ihr Team mehr zu bieten hat, als Sie glauben!

Der Pessimist kehrt nach diesem Optimismus zurück: Sorgen Sie dafür, dass Sie und Ihre

Mitarbeiter Ihre Zeit überplanen. So haben Sie ein Zeitpolster, falls etwas schief geht.

Wenn z. B. einer Ihrer besten Mitarbeiter an einer wichtigen Präsentation arbeitet, ist es nie eine schlechte Idee, ihm eine frühere Frist zu setzen, als für die Präsentation vorgesehen ist. Wenn möglich, geben Sie eine Erklärung für die vorgezogene Frist ab, z. B. dass das Projekt so wichtig ist, dass Sie eine Woche im Voraus ein Treffen anberaumt haben, um die Präsentation zu besprechen und zu verfeinern.

Um ganz offen zu sein, funktioniert diese Methode bei der Arbeit jedoch außerordentlich gut. Ich wende diese Methode an, um sicherzustellen, dass ich Aufgaben (sowohl privat als auch beruflich) rechtzeitig erledige, anstatt sie bis zum Tag vor ihrer Fälligkeit aufzuschieben.

KAPITEL 13

Tipps für ein effektiveres Zeitmanagement von Managern.

Wenn Sie Geschäftsführer sind, haben Sie mit Sicherheit einen riesigen Teller voller Aufgaben. Gelegentlich haben Sie das Gefühl, dass Sie in viele Richtungen gleichzeitig gezogen werden und nicht genug Zeit haben, um alles zu erledigen.

Sie müssen wissen, wie Sie Ihre Zeit einteilen können, um Ihre wichtigen Aufgaben effektiv zu erledigen. Wenn Sie Schwierigkeiten haben, Ihre Zeit zu managen, finden Sie in diesem Kapitel einige Tipps, die Ihnen dabei helfen.

Ein effizientes Zeitmanagement ist für jede Führungskraft wichtig. Ein Manager, der seine Zeit effektiv verwaltet, wird immer einen Vorteil gegenüber der Konkurrenz haben. Das Ziel des Zeitmanagements ist es, Ihre Produktivität zu maximieren, und nicht, Sie einzuschränken oder zu begrenzen.

Eine gute Führungskraft ist in der Regel ausgelastet und muss auf ein gutes Zeitmanagement Wert legen. Die folgenden Leitlinien sollen Managern helfen, ihre Zeit effektiver zu verwalten:

1. Entwickeln Sie eine Strategie für das Zeitmanagement. Denken Sie daran, dass Sie die Verantwortung für Ihr Unternehmen/Ihre Abteilung tragen und sich der anstehenden Aufgaben bewusst sind. Setzen Sie sich hin und bewerten Sie Ihre typischen täglichen Aktivitäten und wie Sie Ihre Effizienz verbessern können.

2. Notizen machen. Es ist eine einfache Sache, die wir alle tun können, um unser Leben zu vereinfachen. Notieren Sie nachts wichtige Aktivitäten für den nächsten Tag. Wenn Sie eine Tätigkeit erledigt haben, streichen Sie sie von der Liste und gehen Sie die Liste nach unten.

3. Setzen Sie sich tägliche, wöchentliche und monatliche Ziele, die spezifisch sind. Setzen Sie sich Ziele, die weder zu leicht noch zu schwer sind. Seien Sie ehrgeizig, aber nicht unausstehlich.

4. Legen Sie Prioritäten fest. Nehmen Sie sich die Zeit, Ihre Aufgaben nach Prioritäten zu ordnen. Die 80/20-Regel ist ein perfekter Leitfaden, den Sie befolgen können. Bestimmen Sie die 20 % der wichtigsten Aufgaben und setzen Sie Prioritäten, indem Sie sie zuerst erledigen oder einen festen Zeitblock am Tag für sie vorsehen.

5. Beseitigen Sie Verschwendung. Stellen Sie fest, wann Sie am Tag nicht produktiv sind oder Zeit verschwenden, und unternehmen Sie Schritte, um diese zu beseitigen. Wenn Sie eine Besprechung mit Ihrem Chef anberaumt haben und er für seine Verspätungen berüchtigt ist, planen Sie Ihre Routineaufgaben vor der Besprechung, um zu vermeiden, dass Sie untätig bleiben.

6. Seien Sie anpassungsfähig. Als Vorgesetzter, der Untergebene führt, müssen Sie deren

Bedürfnissen und Anliegen Vorrang einräumen. Legen Sie eine Routine fest, z. B. eine bestimmte Zeit am Tag, zu der die Mitarbeiter Sie mit verschiedenen Problemen ansprechen können. Geben Sie ihnen Anweisungen, wenn sie ein dringendes Problem haben, das sofortige Aufmerksamkeit erfordert.

7. Mehr delegieren. Zu viele Manager nehmen aufgrund von Gruppenzwang zu viel Arbeit auf sich. Wenn Sie einen Untergebenen für eine Aufgabe schulen, haben Sie mehr Zeit für wichtigere Aufgaben. Wenn Sie es richtig machen, werden Ihre Mitarbeiter Ihr Vertrauen in sie zu schätzen wissen und sich bemühen, die Aufgabe fehlerfrei zu erledigen.

8. Investieren Sie in den effektiven Einsatz von Zeitmanagement-Tools. Es gibt verschiedene Software-Optionen, die hervorragend geeignet sind, um Sie auf Kurs zu halten.

9. Entwickeln Sie die Fähigkeit, zu anderen "Nein" zu sagen. Ein guter Zeitmanager muss sich auf seine Prioritäten konzentrieren und darf sich nicht von Ablenkungen ablenken lassen. Ihr

Hauptaugenmerk sollte nicht darauf gerichtet sein, anderen zu gefallen. Auch wenn Sie ihnen eine kurze Erklärung geben, sollten sie es verstehen.

10. Entwickeln Sie die Fähigkeit zu delegieren. Einige Aufgaben sind nur für Sie bestimmt, andere können delegiert werden. Wenn Sie dies tun, gewinnen Sie viel Zeit für das, was nur Sie tun können.

11. Überprüfen Sie die Prozesse und Verfahren in Ihrem Unternehmen.

Haben Sie zeitraubende Aufgaben oder Aktivitäten, die Sie rationalisieren könnten?

Gibt es Möglichkeiten zur Rationalisierung Ihrer Prozesse oder zur Beseitigung überflüssiger Verfahren, die keinen Mehrwert für das Unternehmen bringen? Wenn ja, nehmen Sie diese Änderungen sofort vor und beobachten Sie, wie sie Ihr Zeitmanagement verbessern.

12. Bereiten Sie sich auf den kommenden Tag vor. Für einige Manager bedeutet dies, den nächsten Tag am Vorabend zu planen. Für andere bedeutet dies, eine Woche oder sogar einen Monat lang zu planen. Wenn Sie beispielsweise an einer Besprechung an einem anderen Ort als Ihrem Büro teilnehmen müssen, brauchen Sie eine Wegbeschreibung, um dorthin zu gelangen?

Oder, wenn eine Inventur der aktuell gelagerten Artikel erforderlich ist, haben Sie genügend Personal eingeplant, um die Aufgabe schnell zu erledigen? Die kleinen Details, die leicht übersehen werden, können den Unterschied im Zeitmanagement ausmachen.

13. Setzen Sie sich tägliche Ziele. Die Ziele müssen erreichbar und realistisch sein. Setzen Sie Prioritäten und erledigen Sie Aufgaben, deren Abgabetermin näher rückt. Organisieren Sie Ihre Aufgaben und setzen Sie Prioritäten für die wichtigsten Tätigkeiten, die zuerst erledigt werden müssen, sonst werden Sie von einer Aufgabe zur nächsten hetzen, ohne viel zu erreichen. Bei einem

effektiven Zeitmanagement geht es darum, zu planen, Prioritäten zu setzen und Ihre Gedanken und Energie zu organisieren, um Aufgaben zu erledigen.

Wie Sie sehen, muss Zeitmanagement für Führungskräfte nicht kompliziert sein, sondern lässt sich ganz einfach umsetzen. Setzen Sie diese Ideen noch heute in die Tat um, und Sie werden sofort eine Verbesserung Ihres Zeitmanagements feststellen.

Es gibt viel zu viele Manager mit mangelhaften Zeitmanagementfähigkeiten. Die Befolgung dieser einfachen Leitlinien kann Ihnen helfen, Ihre Managementfähigkeiten auf die nächste Stufe zu heben.

SCHLUSSFOLGERUNG

In einer Führungsposition haben Sie Menschen, die von Ihnen Führung und Anleitung erwarten, und andere Menschen, die sich darauf verlassen, dass Sie Ihre Aufgaben erfüllen. Das bedeutet, dass bei Ihnen wahrscheinlich eine Menge los ist und Ihre Handlungen auf viele Menschen Auswirkungen haben.

Wenn Sie sich die Mühe machen, Zeitmanagement für Manager zu erlernen, kann dies Ihrem Unternehmen, Ihrem Privatleben und dem Leben Ihrer Mitarbeiter zugute kommen.

Wenn Sie sich mit Zeitmanagement für Manager beschäftigen, werden Sie als erstes feststellen, dass Sie wahrscheinlich viel mehr Zeit verschwenden, als Sie glauben. Es mag zwar den Anschein haben, dass Sie jede Minute des Tages beschäftigt sind, doch in Wirklichkeit ist ein Großteil Ihrer Zeit verschwendet. Indem Sie sich tägliche, wöchentliche und langfristige Ziele setzen, können Sie effektiver auf deren Erreichung hinarbeiten.

Viele Menschen glauben, dass es beim Zeitmanagement für Führungskräfte eher darum geht, mehr in weniger Zeit zu erreichen, aber das ist nicht der Fall. Die Arbeitgeber wollen, dass Sie glücklich sind, denn das bedeutet, dass Sie Ihre Mitarbeiter besser behandeln werden. Mit glücklichen und produktiven Mitarbeitern lässt es sich leichter arbeiten, und sie leisten mehr Arbeit.

In der Regel ist ein funktionaler Kalender das Erste, was Sie brauchen, wenn Sie sich für ein Zeitmanagement für Manager anmelden. Auch wenn viele Menschen ihren Kalender auf ihrem Handy oder Computer führen, ist ein Kalender auf Papier keine schlechte Idee. Wenn Sie sehen, was vor Ihnen liegt, und schnell Änderungen vornehmen können, können Sie Ihre Zeit effektiver verwalten.

Wenn Sie Glück haben, schickt Ihr Arbeitgeber Sie zu einem Kurs über Zeitmanagement für Manager; andernfalls müssen Sie sich vielleicht selbst einen suchen. Wenn dies der Fall ist, haben Sie großes Glück, denn Sie können aus vielen online verfügbaren Kursen wählen.

Außerdem entfällt bei einem Online-Kurs die Notwendigkeit, am Unterricht teilzunehmen, zu einem Kurs zu reisen oder Zeit aus Ihrem vollen Terminkalender zu nehmen. Online-Kurse geben Ihnen die Flexibilität zu lernen, wann Sie bereit sind und die Zeit haben.

Wenn Sie darüber nachgedacht haben, einen Zeitmanagementkurs zu besuchen, ist jetzt der richtige Zeitpunkt. Denn je länger Sie zögern, desto mehr Zeit wird verloren gehen.

Diese grundlegenden Fähigkeiten werden Sie in die Lage versetzen, Ihre Zeit besser zu nutzen, produktiver zu werden, weniger zu hetzen und nicht mehr so viel zu zögern wie bisher. All diese Faktoren werden zu Ihrem langfristigen Erfolg, Ihrer Produktivität und Ihrem Glück als Führungskraft beitragen.

Danke fürs Lesen.

www.ingramcontent.com/pod-product-compliance
Lightning Source LLC
Chambersburg PA
CBHW070122230526

45472CB00004B/1375